LES CANONS

DES

CONCILES ŒCUMÉNIQUES

LEUR PUBLICATION EN FRANCE

Par ADOLPHE TARDIF

(Extrait de la *Revue des questions historiques.*)

PARIS
BUREAUX DE LA REVUE
LIBRAIRIE DE VICTOR PALMÉ, ÉDITEUR
Rue de Grenelle-Saint-Germain, 25
1872

(3)

LES

CANONS DES CONCILES ŒCUMÉNIQUES

LEUR PUBLICATION EN FRANCE

LES CANONS

DES

CONCILES ŒCUMÉNIQUES

LEUR PUBLICATION EN FRANCE

Par ADOLPHE TARDIF.

(Extrait de la *Revue des questions historiques.*)

PARIS

BUREAUX DE LA REVUE

LIBRAIRIE DE VICTOR PALMÉ, ÉDITEUR

Rue de Grenelle-Saint-Germain, 25

1872

LES CANONS

DES

CONCILES OECUMÉNIQUES

LEUR PUBLICATION EN FRANCE

La publication des décrets du Concile du Vatican faite par l'Episcopat français, sans autorisation préalable du pouvoir civil, a soulevé récemment une vive polémique. On s'est appliqué à démontrer que cette publication était prohibée par nos lois et on a réclamé des mesures répressives. Il suffira d'exposer l'historique de la question pour réfuter les jurisconsultes et les canonistes improvisés qui ont cru suivre les traditions parlementaires dans cette controverse.

I

Jusqu'au xve siècle, toutes les décisions des Conciles œcuméniques ont été réputées lois de l'Etat sans aucun examen, vérification, enregistrement ou publication préalable.

Les difficultés qui accompagnèrent le Concile de Bâle engagèrent les conseillers de la couronne à établir entre les canons disciplinaires et les canons dogmatiques ou de doctrine, la distinction suivante : Les canons de discipline ou de police ne pouvaient être publiés en France sans une autorisation préalable du roi; les autres étaient exécutoires de plein droit, sans aucune intervention de l'autorité civile.

Cette distinction a été faite ou admise sans difficulté par les Etats généraux, les assemblées du clergé, les rois, les parlements et les jurisconsultes de l'école la plus hostile à l'indépendance de l'Eglise. Elle est devenue une règle de notre droit public, et elle a été acceptée comme telle par le rédacteur des articles organiques du Concordat.

Dans la chambre ecclésiastique des Etats de Blois, lorsqu'on discuta la question de savoir s'il fallait requérir la publication du Concile de Trente, il fut reconnu qu'on devait distinguer ce qui concernait la *doctrine*, les *mœurs* et la *discipline*, ou la *police ecclésiastique;* sur les deux premiers points, tous les membres de la chambre déclarèrent qu'ils étaient soumis au Concile, mais quelques-uns émirent l'avis que les canons de discipline préjudiciaient à leurs droits, qu'ils n'étaient point obligatoires tant qu'ils n'auraient pas été publiés, et qu'il était contraire à leurs intérêts d'en requérir la publication (séance du 3 mars 1576) [1].

Dans les Etats généraux de 1614, il fut déclaré :

« Que toute l'Eglise gallicane, en général et en particulier, est obligée d'embrasser cette sainte Doctrine (du Concile de Trente), comme aussi elle l'embrasse et l'honore, et en fait publique profession; toutefois ceux qui ont gouverné l'Eglise ont jugé qu'aux choses qui regardent la police et discipline extérieure, il était permis d'y admettre de la diversité.

« Pour ces raisons le clergé de France a estimé *que le saint et sacré Concile de Trente étant publié et son autorité reçue et reconnue en tout ce qui regarde les arrêts de la foi et les définitions de la doctrine*, la chrétienté et toute l'Eglise catholique ne trouvera pas mauvais que, pour ce qui regarde *la police*, il prétend et désire que ladite publication s'en fasse, et que ce dit Concile soit reçu en ce royaume [2]. »

Le Tiers-Etat allait plus loin : il soutenait que la publication n'était pas même nécessaire pour les décrets de police ou

[1] *Collection des procès-verbaux des assemblées générales du clergé de France* (par Duranthon), 1767, in-f°, t. I, p. 88 et 89. — Des copies manuscrites et intégrales de ces procès-verbaux sont conservées dans nos grandes bibliothèques publiques et notamment à la Bibliothèque Mazarine.

[2] *Collection des procès-verbaux*, t. II, p. 114 et 115.

de discipline. Le président, Miro
Beauvais :

« Que pour le regard de *la Doctrin*
catholique qui ne tint pour article d
dans ledit Concile, ainsi que dans les
nous n'avions pas besoin d'autre approb

« Ce n'est pas à nous qui sommes
sance de cause pour le sujet, nous
résolutions par la bouche de nos p
rons très-religieusement. Mais *nou*
qu'il est inouï que jamais on ait procéd
mulgation de Concile, bien que œcumén
dans les registres du Parlement ni aille

« Aussi la vraie publication des
exécution d'iceux, comme pour exem
coup de choses, du Concile de Trent
nécessaire d'en exprimer le nom.

« Messieurs du clergé, ajoutait-il, se
dans l'exécution et observation de ce
et modèle de leurs mœurs et actions,
et documents. »

Le Tiers-Etat, à une grande ma
président [1].

Le clergé, de son côté, suivit le
président Miron. Dans la séance
de 1615, on rédigea la déclaration

« Les cardinaux, archevêques et év
siastiques soussignés, représentant
après avoir mûrement délibéré sur
Concile de Trente, ont unanimement
sent et déclarent être obligés, par leu
cevoir, comme de fait ils ont reçu et
mettant de l'observer autant qu'ils p
autorité pastorale et spirituelle [2]. »

Aussi Bossuet pouvait-il écrire à

« Tous tant que nous sommes d'é
d'ecclésiastiques dans l'Eglise catholi
de ce Concile (12 août 1701). »

« C'est un fait constant, écrivait-il en

[1] *Recueil des cahiers des Etats généraux*.
— Cf. G. Picot, *Etats généraux*, t. IV.
de Trente, éd. Migne, t. III. — Albert Des
de Trente. Paris, 1869.

[2] *Coll. des procès-verbaux*, t. II, p. 242.

une infinité d'actes publics, que toutes les protestations que la France a faites contre le Concile ne regardent que les préséances, prérogatives, libertés et coutumes du royaume, *sans toucher en aucune manière aux décisions de la foi*[1]. »

II

La Royauté, de même que les Etats généraux et le clergé, reconnaissait qu'elle n'avait pas à intervenir dans la publication des canons dogmatiques ou doctrinaux des Conciles œcuméniques, et elle ne revendiquait que le droit d'examen des canons disciplinaires.

Dans la déclaration du 7 août 1441, relative au Concile de Bâle, Charles VII décidait que les dispositions de ce Concile « *sur les promotions aux dignités ecclésiastiques* ne pouvaient « sortir leur effet avant la date de la pragmatique sanction qui « les avait reçues. »

Deux jurisconsultes qui ne sauraient être suspectés d'ultramontanisme, ni accusés d'avoir voulu subordonner l'Etat à l'Eglise, Du Puy et Isambert, avouent l'un et l'autre que cette déclaration n'exige l'intervention de l'Etat dans la publication des Conciles œcuméniques que pour les canons relatifs à la *police* ou *discipline* de l'Eglise.

« Il résulte de cette pièce, dit Du Puy, que les décrets des Conciles généraux, *pour ce qui regarde la police*, n'ont effet en France qu'après avoir été passés par édict de nos rois[2]. »

« Les décrets des Conciles généraux, dit Isambert sur la même déclaration, n'ont de force en France, *quant à la discipline*, qu'autant que les lettres de nos rois en enjoignent l'observation[3]. »

Le Concile de Bâle était donc reçu en France pour les matières de *dogme* ou de *foi*, sans *visa* ou *pareatis*.

La même doctrine a été admise pour le Concile de Trente. Henri III répondait au clergé qui lui demandait de publier le Concile, — « qu'il ne fallait point de publication du Concile

[1] *Réflex. sur l'écrit de M. Molanus*, IIe part., ch. VII.
[2] *Preuves des libertez de l'Eglise gallicane*, ch. XIV, p. 62.
[3] *Anciennes lois françaises*, t. IX, p. 9.

« *pour ce qui était de foi ; que c'était chose gardée en son royaume*, « — mais pour quelques autres articles particuliers [1]. »

Ces articles, qui paraissaient réclamer une publication, avaient été longuement examinés pendant la minorité de Charles IX, dans deux conseils tenus à Fontainebleau, où siégeaient le cardinal de Lorraine, le chancelier de l'Hospital, le premier président Christophe de Thou, et les présidents du Parlement de Paris. On discuta pendant plusieurs jours la question de savoir s'il y avait lieu de publier les canons disciplinaires de ce Concile. On fut arrêté par la crainte de mécontenter les huguenots et les grands seigneurs à qui le Concile interdisait de posséder en commende des abbayes et des biens ecclésiastiques. A la suite de ces conseils, Catherine de Médicis promit au nonce du Pape « que le Roi ferait exécuter les décrets du « Concile en particulier, mais qu'il croyait devoir en ajour- « ner la publication parce qu'elle offrait beaucoup de dangers « dans la situation où étaient les affaires [2]. »

III

Le Parlement et les jurisconsultes les plus zélés pour la défense des droits de la couronne admettaient également cette distinction entre les décisions de foi, de doctrine, et les décisions de discipline. Servin, avocat général au Parlement de Paris, qui ne voulait même pas donner le nom de *Concile* à la réunion de Trente, s'exprimait ainsi dans l'un de ses réquisitoires :

« La convocation de Trente pour ce qui est de la *Doctrine* est bien reçue pour catholique, mais non pour ce qui est de la police extérieure [3]. »

Dumoulin, Du Puy, Coquille, P. de Marca, Durand de Maillane, d'Héricourt, Fleury, Isambert, sont unanimes à reconnaître que les décrets des Conciles sur la foi ou le dogme

[1] *Procès-verbaux des assemblées du clergé*, t. I, p. 125.

[2] Pallavicini, liv. XXIV, ch. xi, p. 2. 4; de Thou, liv. XXXVI, tit. IV, p. 668; *Mémoires sur la vie de J.-A. de Thou.*

[3] XXXe plaid., 1616.

sont admis en France sans publication du pouvoir séculier, et que cette publication n'a été exigée que pour les décrets de police ou discipline qui affectent plus ou moins l'ordre temporel.

Dans la collection de Règles de P. Pithou, vulgairement connue sous le nom de *Libertez de l'Eglise gallicane,* l'auteur établit une distinction importante entre les bulles ou lettres apostoliques, émanant du Saint-Siége, et les canons des Conciles, auxquels il reconnaît implicitement une plus grande autorité.

« Art. 44. — Bulles ou lettres *apostoliques* ne s'exécutent en France sans *pareatis* du roi ou de ses officiers. »

Pour les canons des Conciles, il dit seulement que la puissance du Pape est bornée par les canons et règles des anciens Conciles de l'Eglise *reçus en France* (art. 1er), et que l'*Eglise gallicane* n'a pas reçu indifféremment tous canons et décrétales (art. 41).

Mais il ne dit point dans quelle forme doit avoir lieu cette réception des canons *par l'Eglise gallicane*, et il n'exige pas que le roi ou ses officiers y interviennent, comme pour les actes des souverains Pontifes.

L'élève et l'admirateur de Pithou, Pierre Du Puy, l'auteur du traité *des Droits du Roy,* « savant et curieux livre, étonnant d'érudition et de servilisme intrépide[1]; » — l'historien du différend de Philippe le Bel et de Boniface VIII; — l'adversaire constant de la Papauté, — a publié, à l'instigation de Richelieu, deux volumes in-folio pour établir historiquement les règles des *Libertés de l'Eglise gallicane* codifiées par son maître[2]. Dans ses longues recherches, il n'a pu trouver aucun texte qui reconnaisse aux rois le droit d'intervenir dans la publication des canons dogmatiques des Conciles, et, comme on l'a vu plus haut, il ne réclame cette intervention que pour les décrets qui regardent la police[3].

Nous avons également cité un texte d'Isambert qui reproduit

[1] Michelet, *Histoire de France*, t. II, *éclaircissement*.

[2] Voy. *Histoire de la publication des livres de Pierre Du Puy sur les libertés de l'Eglise gallicane*, par Gab. Demante. *Bibl. de l'Ecole des Chartes*, 1re série, t. V, p. 585 et suiv.

[3] *Preuves des libertez de l'Eglise gallicane*, ch. XIV, p. 62.

la même doctrine [1]. Dans le *Conseil sur le fait du Concile de Trente*, Dumoulin n'attaquait aussi que les décrets de discipline [2]. Guy Coquille, si prisé de M. Dupin aîné, ne contestait nullement la validité des canons dogmatiques de ce Concile ; il se bornait à faire des réserves sur les canons disciplinaires, non pour y contredire expressément, mais pour y retenir les anciennes traditions, jusqu'à ce que les parties en aient autrement décidé [3].

Du Puy avait fait entrer Pierre de Marca au conseil du Roi, où il était chargé de la lourde tâche de défendre les libertés de l'Eglise gallicane : *Impositum est mihi onus gravissimum de libertatibus Ecclesiæ gallicanæ disserendi.* — Sur l'ordre de Richelieu, il écrivit le traité *De Concordia sacerdotii et imperii seu de libertatibus Ecclesiæ gallicanæ*, pour fonder la doctrine gallicane.

L'ouvrage répondit à l'attente du premier ministre qui l'avait ordonné, car il en accepta la dédicace [4].

Le *De Concordia* représente donc exactement les doctrines de Richelieu et du pouvoir royal sur ces questions. — Nous y retrouvons la distinction traditionnelle entre les canons des Conciles œcuméniques qui traitent de la foi, du dogme, de la doctrine, des sacrements, et ceux qui traitent de la discipline :

« Cum autem de confirmatione decretorum conciliis agitur, distinguenda sunt ea quæ *fidem* respiciunt, ab iis quæ de *disciplina* feruntur. Vis enim eorum quæ *fidei* controversias dirimunt, non ab *principum* sed *ab episcoporum auctoritate pendet*... Quod attinet ad canones qui non equidem de *fide* aut *sacramentorum ritibus*, sed de *reliqua disciplina* feruntur... Principum interest, ut ea decreta notorie discutiant antequam eorum et executionem publicam et forensem lege sua indulgeant, ne fortassis aut publicæ utilitatis aut tranquillitatis adversentur [5]. »

Nous retrouvons la même doctrine dans les célèbres canonistes Durand de Maillane et d'Héricourt :

« L'autorité des Conciles généraux est telle, que les décrets qu'ils renferment sur la foi sont infaillibles et exempts de toute erreur ;

[1] *Anciennes lois françaises*, t. IX, p. 9.
[2] *Œuvres compl.*, t. V, p. 351 et suiv.
[3] *Du Concile de Trente et de la réception et publication d'icelui*, dans les *Œuvres complètes*, t. I.
[4] Gab. Demante, *loc. cit.*, p. 597, 598.
[5] De Marca, *De conc. sacerd. et imper.*, liv. II, ch. x, n° 9.

à l'égard des décrets que les Conciles font touchant la discipline, on ne les reçoit pas souvent partout [1]. »

« Les décrets du Concile de Trente sur le *Dogme*, dit d'Héricourt, ont toujours été regardés en France comme des *règles de foi*. A l'égard des décrets de discipline, comme on en a remarqué plusieurs qui contiennent des clauses et même des dispositions qui donnent atteinte aux droits du roi, à ceux des évêques et aux usages de l'Église gallicane, nos rois n'ont pas jugé à propos jusqu'à présent de déférer aux instances qui leur ont été faites pour ordonner la publication du Concile dans le royaume, même avec des réserves de leurs droits et des libertés de l'Eglise gallicane dont ils sont les protecteurs [2]. »

Fleury expose les mêmes principes dans plusieurs de ses écrits :

« Quant aux Conciles œcuméniques, il faut distinguer les matières de *discipline* et les matières de *foy*. Pour la foy, quiconque ne s'y soumet pas est hérétique ; pour la discipline, les règlements des Conciles ne sont pas également reçus... Ainsi, il ne faut pas s'étonner si, ayant reconnu le Concile de Trente pour légitime et œcuménique, nous n'avons pas encore accepté ses décrets de discipline, quoiqu'à vray dire il n'a pas tenu au clergé de France ; il a témoigné le désirer par plusieurs actes solennels [3]. »

« Les décrets de *Doctrine*, écrit-il encore dans un autre chapitre du même ouvrage [4], ont été reçus en France sans difficulté, comme venant d'un Concile œcuménique ; pour les décrets de discipline, quelque instance que le clergé de France en ait faite, il n'a pu jusqu'à présent en obtenir la réception authentique. Ce n'est pas que cette discipline n'ait paru bonne, puisque l'on en a inséré la plus grande partie dans l'ord. des États de Blois ; mais on était alors obligé de garder des mesures avec les prétendus réformez, et plusieurs catholiques, surtout entre les magistrats, trouvaient en cette discipline plusieurs points contraires à nos libertés. »

« Pour la foi, dit encore Réal, nous croyons tout ce que le concile a décidé... Aussi ne fait-on pas difficulté en ce royaume de citer le Concile de Trente dans les parlements, dans les écoles, dans les livres..., comme une décision qui a fixé la tradition des églises sur les points du dogme..., comme doctrine ancienne, et en conséquence de la tradition que la France a conservée et à laquelle le concile s'est conformé [5]. »

[1] Durand de Maillane, *Dict. de Dr. can.* V°. CONCILE, 3e éd., p. 56 ; V°. CANON, p. 378.
[2] *Les lois ecclésiastiques*, éd. de 1771, E, XIV, 19, p. 280.
[3] *Institut. au Droit eccl.*. IIIe part., ch. xxv.
[4] Ire part., ch. I.
[5] Réal, *Science du gouvernement*, t. VII, p. 109.

Cette observation d'un écrivain fort versé dans la connaissance de notre droit public donne l'une des raisons juridiques de la distinction faite par tous les auteurs que nous venons de citer. Les Conciles œcuméniques ne créent point de nouveaux dogmes; ils ne font que constater les croyances traditionnelles et universelles; leurs canons ne sont donc que déclaratifs de la foi de la catholicité; ils n'introduisent aucune innovation dans l'Eglise, aucun changement dans sa foi ni dans ses pratiques; les gouvernements n'ont donc pas à s'en préoccuper. Les canons de discipline, au contraire, modifient toujours l'état de choses préexistant; ils sortent du domaine de la conscience et touchent à l'ordre temporel, à la police, au gouvernement de l'Eglise. Les jurisconsultes des couronnes, dans les Etats où la société religieuse est étroitement liée avec la société civile, ont pu soutenir que la puissance séculière avait droit de s'enquérir des modifications apportées dans les conditions de la vie externe de l'Eglise.

IV

L'auteur des articles organiques, Portalis, s'est attaché à reproduire fidèlement les règles de notre ancien droit public, sans prendre garde que la religion catholique n'était plus une religion d'Etat, et que l'égalité des cultes devant la loi enlevait toute base juridique à cet épiscopat du dehors, en vertu duquel on faisait jadis intervenir le prince dans les affaires de l'Eglise. Le titre premier de la loi du 9 germinal an X ne peut être accusé d'innovation : on ne saurait lui reprocher, tout au contraire, que d'avoir reproduit trop fidèlement les règles d'une époque où les rapports de l'Eglise avec l'Etat étaient plus étroits, plus intimes qu'ils ne le sont aujourd'hui.

Mais on rompt difficilement avec les traditions, alors même qu'on se trouve placé dans un ordre de choses tout nouveau. Les doctrines autoritaires des anciens Parlements, les pratiques de la monarchie absolue rencontraient d'ailleurs peu de résistance à une époque trop rapprochée des premières applications des principes de 1789, pour ne pas donner la préférence au régime de Louis XIV. Les tendances personnelles du premier consul s'accordaient aussi avec ce besoin d'autorité que la décentralisation de 1793 avait amené. Portalis ne crut donc pouvoir mieux faire que de reproduire les règles traditionnelles de l'ancienne France sur les rapports de l'Eglise et de l'Etat.

L'art. 3 de ces organiques porte :

« Les décrets des synodes étrangers, même ceux des Conciles généraux, ne pourront être publiés en France avant que le gouvernement en ait examiné la forme, leur conformité avec les lois, droits et franchises de la République française, et tout ce qui, dans leur publication, pourrait altérer ou intéresser la tranquillité publique. »

On remarquera d'abord la différence qui existe entre la rédaction de cet article et celle de l'art. 1er, spécial aux actes émanant de la cour de Rome :

« Aucune bulle, bref, rescrit, ni autres expéditions de la cour de Rome, ne pourront être reçus, publiés, imprimés ni autrement mis à exécution, sans *l'autorisation du gouvernement.* »

Dans ce dernier cas, on exige une *autorisation formelle;* de même que la compilation de Pithou, ou *Libertez de l'Eglise gallicane,* réclamait alors « un *pareatis* du roi ou de ses officiers. » Mais, dans les deux textes, on n'exige rien de semblable pour les canons des Conciles. L'art. 3 de la loi du 18 germinal an X ne réclame qu'un *examen.*

On pourrait dire que, lorsque tous les journaux ont publié pendant dix-huit mois les canons d'un concile, sans aucune observation ou réserve du gouvernement, on est fondé à conclure que l'étude qu'il a dû faire de ces canons ne lui révèle rien d'inquiétant, et que la publication faite par des évêques d'un texte que tout le monde connaît depuis longtemps ne saurait gravement troubler ou compromettre l'ordre public.

Mais on ne doit pas s'arrêter à cette observation générale : il faut entrer dans l'esprit de l'article, et on restera convaincu que Portalis n'a pas eu l'intention de créer une règle nouvelle, et qu'il a voulu reproduire sur ce point, comme sur tous ceux qui sont traités dans le titre premier, les maximes traditionnelles de notre droit public, telles qu'il les trouvait dans les déclarations des Etats généraux, des rois, des parlements et des jurisconsultes, à savoir que l'autorité civile n'a point à se préoccuper des décisions *dogmatiques*, mais seulement des canons *disciplinaires.*

Cela résulte du texte même de l'article qui donne au gouvernement le droit d'examiner la *conformité* des décrets des Conciles généraux avec *les lois, droits et franchises de la République française*. Il est incontestable que ces *lois, droits et franchises* ne peuvent statuer ou porter sur une question de dogme, de foi, de conscience; — qu'elles ne peuvent légitimement imposer ou interdire des croyances à la conscience humaine et pénétrer ainsi dans le for intérieur. La loi civile ne saurait saisir les croyances que lorsqu'elles se manifestent au dehors, par des actes extérieurs, dans ce qui peut « altérer ou « intéresser la tranquillité publique, » comme le dit expressément ce même art. 3, c'est-à-dire que les dispositions disciplinaires, destinées à assurer l'exécution des prescriptions de foi, peuvent seules la préoccuper.

Aucun doute n'est permis sur cette interprétation, puisque Portalis l'a donnée lui-même dans son rapport sur les articles organiques :

« Nous savons qu'il appartient aux Conciles généraux de définir les vérités de foi, et de terminer toutes les controverses dogmatiques. *Nous savons que la puissance civile n'a pas à se mêler du Dogme, qu'elle n'a point à prononcer sur la Doctrine*, dont l'administration et le dépôt sont du domaine exclusif de l'autorité spirituelle, c'est-à-dire du ressort de l'Eglise, dont le tribunal est reconnu infaillible par tous les catholiques.

« Mais l'infaillibilité n'est point absolue et générale sur toutes choses.

« Il est incontestable que l'Eglise, dans ses assemblées, peut faire des règlements sur tout ce qui intéresse les objets que *la discipline* embrasse, mais il est également incontestable que ces objets, dont quelques-uns appartiennent à la temporalité, et dont la plupart peuvent être rangés dans la classe des *matières mixtes*, exigent le concours de la puissance publique : de là vient le principe de nos libertés, que les conciles n'ont point force de loi en France, *au moins quant à la discipline*, qu'ils n'aient été expressément adoptés par le souverain [1]. »

V

Le Concile du Vatican n'a statué jusqu'à présent que sur des matières exclusivement dogmatiques et doctrinales. Dans les

[1] *Discours, rapports et travaux inédits sur le Concordat de 1801*, par Jean-Etienne-Marie Portalis, in-8°, 1845, p. 169, 171.

deux premières sessions, on n'a pris que des décisions d'ordre. Les canons de la troisième session (24 avril 1870), intitulés *De Fide*, traitent : — 1° *De Deo rerum omnium creatore;* — 2° *De Revelatione;* — 3° *De Fide;* — 4° *De Fide et Ratione.*

Les canons de la quatrième session (18 juillet 1870), intitulés *De Ecclesia*, traitent : — 1° *De apostolici primatus in beato Petro institutione;* — 2° *De perpetuitate primatus beati Petri in Romanis Pontificibus;* — 3° *De vi et ratione primatus Romani Pontificis;* — 4° *De Romani Pontificis infallibili magisterio.*

Tous ces canons concernent exclusivement le dogme et la doctrine; ils n'ont aucun caractère disciplinaire ; ils sont donc reçus de plein droit en France et exécutoires sans aucune intervention du gouvernement, en vertu des règles traditionnelles de notre droit public, et au même titre que tous les canons doctrinaux ou dogmatiques des précédents Conciles œcuméniques.

Le chapitre *De Romani Pontificis infallibili magisterio* est le seul sur lequel des dissentiments se soient élevés, au point de vue surtout de l'opportunité d'une solution. Aucun évêque n'a contesté, en effet, sa conformité avec la croyance générale de l'Eglise. Le Concile de Rome de 863 allait même bien plus loin [1], et le sentiment exprimé par l'assemblée générale du clergé de France, en 1625, est en parfaite harmonie avec les dispositions de ce décret [2].

Dans tous les cas, aucun doute ne peut s'élever sur le caractère exclusivement *doctrinal* ou *dogmatique* de ce chapitre. Il est dogmatique dans son essence, et il ne statue que sur des questions de doctrine. Il ne reconnait pas, en effet, l'infaillibilité au souverain Pontife en *matière disciplinaire*, mais seulement dans les questions de *doctrine sur la foi et les mœurs*, quand il prononce *ex cathedra* par voie de disposition générale : « Cum « ex Cathedra loquitur, id est cum omnium Christianorum « pastoris et doctoris munere fungens, doctrinam de fide vel « moribus definit. »

Le souverain Pontife a cru devoir rappeler lui-même les limites entre lesquelles cette infaillibilité se trouve aujourd'hui

[1] Hard., *Conc.*, V., col. 574.

[2] *Avis de l'Assemblée*, art. 137; *Coll. des proc.-verb.*, t. II, pièces justificatives, p. 95.

circonscrite. Dans un bref du 27 novembre 1871, adressé à l'épiscopat suisse, en réponse à la savante instruction pastorale par laquelle cet épiscopat a commenté le dernier article de la quatrième session du Vatican, Pie IX s'est exprimé de la manière la plus nette sur le sens de cet article :

« Ce dogme de l'infaillibilité laissant ainsi les choses dans leur état primitif, et restreint dans les limites de la *doctrine sur la foi et sur les mœurs*, ne change rien aux rapports du chef de l'Église avec le corps enseignant des pasteurs.

« De même, il ne change absolument rien aux rapports du chef de l'Église avec le pouvoir politique, d'où ressort la mauvaise foi ou l'inintelligence de ceux qui cherchent à faire croire qu'un très-grave préjudice a été causé par là aux droits de l'autorité civile [1]. »

Des écrivains protestants eux-mêmes ont tenu à constater le véritable sens du Concile; ils ont signalé l'importance du bref du 27 novembre 1871 et de cette remarquable instruction des évêques de la Suisse, trop peu connue en France.

« Serait-il juste, dit l'un d'eux, de conserver ses premières impressions (contre le Concile), s'il était publiquement déclaré que le Pontife romain n'est infaillible ni comme homme et simple particulier, ni comme savant, ni comme prêtre, ni comme évêque, ni comme prince temporel, ni comme juge, ni comme législateur ; — qu'il n'est ni infaillible, ni impeccable dans sa vie et sa conduite, dans ses visées politiques, dans ses relations avec les princes temporels et les gouvernements, ni même dans le *gouvernement de l'Église en général?*... S'il était prouvé que le décret du Vatican, qui fait consister l'infaillibilité du Pape dans la vérité de la doctrine traditionnelle, ne s'étend qu'à la révélation déjà donnée de Dieu, et ne lui est accordée que dans l'exercice de son autorité officielle, par conséquent dans des cas extrêmement rares, et que le Concile sera appelé à déterminer lorsqu'il reprendra ses travaux, — ne devrait-on pas, je le répète, modifier son jugement?

« Mais, dira-t-on, qui interprétera jamais la nouvelle constitution dans ce sens? Rome accueillerait par des excommunications de pareilles tentatives d'exégèse! — Nullement : l'instruction pastorale publiée par tout l'épiscopat suisse, et dont nous venons de citer les propres expressions, a reçu l'approbation du souverain Pontife [2]. »

[1] *Annales catholiques*, publiées par V. Chantrel, t. I, p. 182.
[2] *Le Synode protestant et le Schisme catholique*, par Mme Napoléon Peyrat, p. 26-29. Paris, Grassart, 1872.

VI

Le Concile du Vatican ne statuant que sur la doctrine ou le dogme, est reçu en France par le seul fait de sa publication, d'après les principes de notre droit public consacrés ou rappelés par les Etats généraux, les rois, les parlements, les assemblées du clergé, les jurisconsultes dont on a invoqué le témoignage.

Lui opposera-t-on :

L'art. 4 de la déclaration du clergé de 1682?

L'édit du 23 mars de la même année, qui a voulu faire de cette déclaration un article de foi?

L'art. 24 de la loi du 18 germinal an X, qui prétend obliger les professeurs des séminaires à enseigner cette doctrine?

Le décret du 25 février 1810, qui déclare l'édit de Louis XIV loi générale de l'Empire?

On répondrait :

Que ce qui manquait au clergé dans cette déclaration, c'était le droit pour décider en matière de foi [1] ;

Que l'autorité civile n'a pas, à plus forte raison, le droit d'imposer des dogmes ni aux catholiques, ni aux protestants, ni aux israélites, ni aux mahométans;

Que d'après l'art. 1er du Concordat, la religion catholique, apostolique et romaine sera librement exercée en France;

Que cette religion n'aurait pas son libre exercice si l'Etat avait la prétention de modifier à son gré ses dogmes, ses croyances, d'en ajouter ou d'en retrancher.

Mais on peut aller plus loin et établir que la déclaration de 1682 et le Concile du Vatican ne sont point inconciliables, en se plaçant au point de vue strictement juridique.

L'art. 4 de cette déclaration porte :

« Que le Pape a la principale part dans les questions de foi ; que ses décrets regardent toutes les églises, et chacune en particulier; mais que, cependant, son jugement n'est pas *irréformable, à moins que l'Eglise n'y donne son consentement : nec tamen irreformabile esse judicium, nisi Ecclesia consensus accesserit.* »

[1] Batbie. *Appel comme d'abus*, p. 107.

Le Concile du Vatican a été le plus universel, le plus œcuménique qui ait jamais eu lieu, puisqu'il a compté plus de la moitié de tous les prélats du monde catholique, et que toutes les parties du monde y ont été représentées. Ce Concile a donc été l'expression la plus haute, la plus complète de la volonté de l'Eglise, et l'Eglise, parlant par la bouche de ses évêques, a été d'avis que les jugements du Pape étaient irréformables, *Romani Pontificis definitiones irreformabiles esse*, toutes les fois qu'il définissait *ex cathedra* la doctrine *de fide vel moribus*.

La condition exigée par la déclaration de 1682 pour *l'irréformabilité* légale des décisions du Pape, l'*accessio consensus Ecclesiæ*, est donc remplie sur cette question doctrinale. Les légistes qui croient à la validité de cette déclaration, et des édits ou décrets par lesquels l'autorité civile a prétendu l'ériger en dogme, ne sauraient donc eux-mêmes hésiter à reconnaître que le Concile du Vatican, « reçu par toute l'Eglise gallicane, » a force obligatoire en France et n'a besoin d'aucune autre publication.

Le Mans. — Impr. Ed. Monnoyer, place des Jacobins.

TYPOGRAPHIE
EDMOND MONNOYER, AU MANS
(SARTHE)

www.ingramcontent.com/pod-product-compliance
Lightning Source LLC
LaVergne TN
LVHW020509230826
846091LV00008BA/3419

* 9 7 8 2 0 1 6 1 8 5 5 4 4 *